15分間
シリーズ

METHOD TO ASK GOD
FOR WELL

Saito Hitori

神様に上手に
お願いする方法

ひとり

斎藤一人

KKロングセラーズ

斎藤一人　神様に上手にお願いする方法

はじめに

いまから話すことは、信じなくてもいいんですよ。

とても信じられないような話だと思いますけれど……、この話を知っているだけで、あなたの心は、ずいぶんとラクになると思います。

たった一五分間で読み終わってしまうお話ですが……、この一五分間で、あなたがいままで長年抱えてきた悩みが、ひょっとすると、消えてしまうかもしれません。

それで、自分のことがうんと好きになるし、周りの人のことも大好きになる。

毎日がイキイキして、人生がとびきり楽しくなる話なので……、よかったら聞いてくださいね。

斎藤一人

☆この「一五分間シリーズ」は、「斎藤一人さんの大切な教えを、たった一五分間で伝えられないか……」という主旨で始めたものです。
もちろん、一五分間では伝えきれずに、三〇分や四〇分になるテーマもありますが、あくまでも「できるだけわかりやすくお伝えしたい」ということで始めました。

これからも、いろいろなテーマで「一五分間シリーズ」を出していきますので、どうぞ、よろしくお願いします。

☆この本には「神さま」という言葉が出てきますが、何かの宗教とはまったく関係ありません。安心して読んでくださいね。
もちろん、宗教を否定するものではありませんから、あなたが宗教をやっているのなら、楽しくやっていてください。

☆それから、ここに出てくる「神さま」は、「あなたの中に神がいる」ということで、「内神さま」のことです（詳しくは本文に説明があります）。
　この「内神さま」って、すごく便利で、お賽銭もぜんぜんいりません。「内神さまに　お礼がしたい」というときは、あなた自身が美味しいものを食べるとか、ステキなものを買うとか、あなたが楽しくなることをすれば、「内神さまに対するお礼」となります。安心して、気軽な気持ちで読んでくださいね。

もくじ

はじめに　2

●人は、何度も、何度も、生まれ変わる　10

●「魂の成長のため」に、人は何度も生まれ変わる　12

●究極の「魂の成長」とは「自分が〝神〟であることがわかる」　14

●「私は〝神〟です。あなたも〝神〟です。みんな〝神〟です」　18

●「内神《うちがみ》さま」は子機のようなもの。本体の「外神《そとがみ》さま」とつながっている　21

● 地球上の人、ひとりひとりをすべて見守るために
「内神さま」をそなえつけた 25
● あなたの「願い」をかなえてくれるのは、「内神さま」 27
● 「内神さま」へのお願いは「最後に言ったこと」で決まる 31
● 願いが「内神さま」に到達するのがどんどん早くなる 34
● 自分の心の中にいる神さまに「ホントですか?」と聞いてみる 37
● 「心配の波動」を出していると「内神さま」と通じにくくなる 41
● 「いいこと」をすれば「いい気持ち」になり「悪いこと」をすれば
「イヤな気持ち」になるのは〝内なる神〟からの合図 44

● 一人さんの教えは大好きだけど「内神さま」は信じられない！ 46
● こんなに汚い格好をしていたら「内神さま」に申し訳ない！ 52
● あなたの周りにいる人、全員が〝神〟なんです 55
● その人は、「最高の判断」で、その行動を選んだ 58
● 「チャレンジャー」（学ぼうとしている人）がいたらあたたかく見守る 61
● 子どもは、お母さんを通して生まれた〝神〟 67
● どんな悩みにも、必ず「答え」がある 71
● 「最高の答え」は自分で知っているけれど、「心の奥」にうずもれている 74

● 〝魔法の言葉〟でも、うずもれていた答えが掘り起こせる！　79
●「大変な定め（ハンディ）」を持って生まれてきた人は
それを乗り越えるだけの「強いパワー」も持っている　81
● 私たちは「問題を解決するため」に生まれてきた　86

総合プロデューサー／みっちゃん先生
編集協力／田宮陽子

人は、何度も、何度も、生まれ変わる

突然ですが、あなたは、「前世」とか「来世」とかいう言葉を、聞いたことがありますか?

「前世」というのは、あなたの「今回の人生」の、前の人生のこと。

「来世」というのは、あなたの「今回の人生」の、次の人生のこと。

あなたは「今回の人生」で亡くなってしまうと、「人生、もうおしまいだ……」と思っているかもしれませんね。

でもね、そうではないのです。

「肉体」はなくなっても、「魂(心)」がなくなることはありません。

「今回の人生」で寿命がきて亡くなると、あなたは「天国」へ行きます。

そして、天国で「新しい体」に取り換えてもらって、その「新しい体」で、また次の人生が始まるのです。

こうやって、**人は、何度も、何度も、生まれ変わっているのです。**

初めて聞いた人は、とても信じられないでしょう？

でもね……、これって、ホントのことなんですよ。

このことを「基本」とした上で、ひとりさんの話の続きを聞いてくださいね。

「魂の成長のため」に、人は何度も生まれ変わる

「なんで、人は、何度も何度も、生まれ変わるんですか？」っていうとね……。

それは……、**「魂の成長のため」**に生まれ変わるんです。

人は、生まれ変わるたびに、いろいろなことを経験して、学んで、お利口さんになっていきます。

何か「いいこと」をしたときに……、「こういうことをすると、人から喜んでもらえて、自分も嬉しくなるんだな！」っていうことがわかり、「よし、ますますこういうことをしていこう！」と学ぶこともあります。

その反対に、何かのはずみで「悪いこと」をしてしまったときに……、

「こういうことをすると、人から嫌われて、自分も悲しくなるんだな……」

っていうことがわかり、「こういうことは二度とやめよう！」と学ぶこともあります。

「いいこと」も「悪いこと」も、自分で経験してみなければ、本当に腑に落ちることはありません。

ですから「経験」というのは、どんな経験であっても、あなたの成長に大きく役立っているのです。

そして、ひとつ経験して学ぶたびに、あなたの「魂のステージ」というのは、グン！　と上がっているのです。

ここまで、わかりましたか？

さて、話のポイントは、これからですよ。

究極の「魂の成長」とは「自分が〝神〟であることがわかる」

私たちは、いろんな経験をして、その経験から学び、魂のステージがひとつずつ上がっていきます。

では、いきつくところ、究極の「魂の成長」とは、なんでしょうか？

それは……、**「自分が〝神〟であることがわかる」**。

自分の中に、「神さま」がいることに、気付くことです。

「神さま」というと、多くの人は、天にいるものだと思っていますよね。

ですから、叶えたいことがあると、一生懸命、天に向かってお祈りするでしょう。

または、何か困ったことがあるときに、空を見ながら、「ああ、神さま〜」と拝んだり、すがったりします。

ところが、もっと近いところに、「神さま」というのはいるのです。

あなたの中に「神さま」がいるのです（ちなみにこれを「内神さま」といいます。後ほど詳しく説明します）。


こういうことを話すと、多くの人は、「とても信じられない！」と思うでしょう。

「こんなダメな自分の中に、『神さま』なんて、いるはずがない！」。

そう思う人が、ほとんどだと思います。

でも、そう思っているあなたの中にも、「神さま」というのは、ちゃんといて、いまもあなたを見守っているのです。

そして、**「自分は〝神〟である」と気付いたときから、「魂の成長」は、大きく飛躍をとげていくのです。**

「魂のステージ」が上がれば上がるほど、あなたが思い悩んできたことが、ひとつひとつ消えていってしまいます。

例えば——日常生活の中の「人間関係の問題」や「お金の悩み」——そういったものが不思議と解決できるようになるのです。

ですから、「魂のステージ」が上がるほど、あなたの人生はラクで楽しくなる。

早く「魂のステージ」を上げてしまったほうが、おトクなのです。

「魂のステージ」を飛躍的に上げるには、「自分が〝神〟だと気付くこと」。

これがいちばんてっとり早いのです。

「でも、やっぱり私の中に、神さまがいるなんて、とても信じられない！」。

そう思う、あなたの気持ちもわかります。

そういう人に、とっておきの方法があります。

いまからお話する〝魔法の言葉〟を言っているだけで、あなたは自分の中に〝神さま〟がいるということを信じられるようになるんですよ。

「私は〝神〟です。あなたも〝神〟です。みんな〝神〟です」

「私は〝神〟です。あなたも〝神〟です。みんな〝神〟です」。

この言葉を、朝起きたときに一〇回ぐらい言ってみてください。

この言葉を言えば言うほど……、だんだん「自分が〝神〟である」っていうことに気が付いてくるんです。

自分が〝神〟だということに気が付くと、あなたの人生は劇的に変わります。

「私の中に、〝神〟がいる。だから私も幸せになることができるんだ！」

と信じることができるからです。

例えば……、いままで病気がちだった人は、少しずつ健康になっていくでしょう。

いままで仕事がうまくいかなかった人は、周囲がびっくりするほど「仕事ができる人」に変身してしまうかもしれません。

いままで誰にも愛されたことがない人は、あなたを愛してくれる人が、ちゃんと出てきます。

そういうふうに、あなたがいままで味わったことのない「良きこと」が、少しずつ、少しずつ、起こってきます。

そして、その「良きこと」は、徐々に加速していきます。

そう、あなたが「私は〝神〟で、あなたも〝神〟なんだ！」と信じれば信じるほど、あなたの人生に、「良きこと」が連続して起こるようになるのです。

きっと、いままでの自分だったら、すぐにあきらめてしまったり、勇気がなくて最初の一歩が踏み出せないことってあったでしょう。

でも、**「私の中に〝神〟がいる。自分にはできないけれど、〝神〟にはできる！」**と思うようになると、どんなことでも楽しく挑戦できるようになってしまうのです。

だから、「自分は〝神〟なんだ」と気付くことって、ものすごいことなんですよ。

とてつもないパワーを、いただくようなものなのです。

「内神《うちがみ》さま」は子機のようなもの 本体の「外神《そとがみ》さま」とつながっている

「あなたの中に〝神〟がいるんだよ」。

こう言っても、なかなか信じられない人は、きっと多いことでしょう。

なぜなら、「神さまは外にいて、それに向かって拝むもの」と小さいころから教えられてきた人が多いから。

「神さま」という存在がいると信じている人も、「天にいる神さま」を信じていて、それを心のよりどころにしてきた人がほとんどではないでしょうか。

だから、「あなたの中に〝神〟がいる」と言われても、いまいちピンとこないのはもっともなことだと思います。

それから、「自分の中に『神さま』（内神さま）がいるなら、みんなが天に向かって拝んでいる神さまは何なんですか？　神さまっていう存在は、ひとりしかいないんじゃないの？」と疑問に思う人がいるかもしれません。

そのことを、いまから、できるだけわかりやすく説明したいと思います。

まず、基本的な考えとして、神さまには二種類あります。

ひとりめが、「外神さま」。

「外神さま」は、この世を創造してくださった「大元の神さま」で、宇宙の中心になっている神さまです。

これを天の中心にひとつだけ存在する絶対神ということで、日本的に言うと**「天之御中主《あめのみなかぬし》さま」**と呼びます。

「天之御中主《あめのみなかぬし》さま」のことは、大元のでっかい霊ということで、「大霊《たいれい》」とも言います。

また世界では「アラー」と呼ぶ人もいるし、「ヤハウェ」と呼ぶ人もいるし、「大日如来《だいにちにょらい》」とか「盧舎那仏《るしゃなぶつ》」と呼ぶ人もいます。

呼び方はいろいろですが、どれも、「大元の神さま」のことを言っているのです。

「天之御中主《あめのみなかぬし》さま」は、私たち人間、ひとりひとりに、**「分魂《わけみだま》」**というものをくださっています。

この「分魂《わけみだま》」のことを、「真我《しんが》」とか、「超意識」と呼ぶこともあります。

そして、この「分魂《わけみだま》」のことを、「内なる神」として、「内神さま」と呼んでいるのです。

「内神さま」は言ってみれば、電話機の「子機」のようなものです。

私たちは、自分の中にいる「内神さま」（子機）を通じて、「宇宙の中心の神さま」（本体）とつながっているのです。

地球上の人、ひとりひとりをすべて見守るために「内神さま」をそなえつけた

「なぜ神さまは、私たちひとりひとりに『内神さま』をそなえつけたのですか？」そう思うでしょう？　そのことを説明しましょうね。

神は、すべての人間の魂を、もっともっと成長させたいと願っています。

しかし、この地球上には、たくさんの人がいますよね。

大元の神は、ひとりですから、ひとりで大勢の人をずっと見ていることはできません。

ですから、自分の分身である、「小さな神さま」を、ひとりひとりの中に備え付けたのです。

そして、その人が困ったときや、願いを叶えたいときに、いつでも「内なる神さま」が、その人に力を貸してくれるようにしてくださったのです。

あなたの「願い」をかなえてくれるのは、「内神さま」

いままであなたは何か願い事がかなうと、「天の神さま（外神さま）がかなえてくれたんだ！」と思っていたことでしょう。

しかし、実はあなたの願いをかなえてくれたのは、あなたの中にいる「内神さま」だったのです。

あなたが「このことをかなえたい！」と強く強く思っていると、あるとき「内神さま」に、その思いが到達することがあります。

そうすると「内神さま」が、あなたの「願い」にエンジンをかけてくれるのです。そして、あなたにとって最高のタイミングで、「願い」が現実になるようになっているのです。

さて、ここで大切なポイントです。

「内神さま」にお願いするときには、ちょっとしたコツがあります。

それは……、**「なりたい状態になったつもりで感謝する」**ということです。

カンタンに言うと、幸せになりたい人は、**「私はとっても幸せです。感謝しています」**と願うのがコツなのです。

いまあなたが不幸だろうが、大変な状態だろうが、そんなことは関係ありません。

なりたい状態になったつもりで感謝していると、「内神さま」と通じる〝魔法の扉〟がスッと開いてしまうのです。

もうちょっと、詳しく説明しましょうね。

例えば、ずっと病気がちで、「なんとか健康になりたい！」と思っている人がいるとします。

この人が、「私をどうか、健康にしてください」とお願いしたとします。

このお願いの仕方だと、ダメなのです。

「健康にしてください」ということは、「私はいま病気です」という〝思い〟を発信したのと同じです。

つまり、自分の発信した〝思い〟を「内神さま」はかなえてくれるので、この場合、かなうのは「病気が重くなる」という状態になってしまうのです。

ですから、病気の人が健康になりたい場合は、**「病気が治りました！**

感謝しています」とか、**「健康にしていただいて、ありがとうございます！」**とか……、健康になったつもりでお願いする。

そして、病気が少しでも良くなったら、感謝する。また少し良くなったら、感謝する。このくりかえしをしていると、病気はだんだん良くなってしまうのです。

これは他のことにも言えます。

豊かになりたい人は、**「豊かになりました！　ありがとうございます！」**と願えばいいのです。

仕事を繁盛させたい人は、**「仕事が忙しくなりました！　ありがとうございます！」**と願えばいいのです。

どんな願いでも、すべて同じお願いの仕方で大丈夫です。

これがコツなんです。わかりましたか？

「内神さま」へのお願いは「最後に言ったこと」で決まる

「内神さま」にお願いするには、「なりたい状態になったつもりで感謝すること」が大事だとお話しました。

さらに、とっておきのコツをお話ししましょう。

「お願いする言葉は、最後に言ったことが大事」なのです。

最後に何を話すかで、あなたの発信する「願い」は変わってきてしまうのです。

例えば、「部長がガミガミうるさく言うんです」とずっと思っていると、

「ガミガミうるさく言う」という思いが発信されて、あなたの部長は、ますますガミガミ言うでしょう。

ところが、「部長が一〇倍うるさく言っても、私はぜんぜん平気です」と思うと、どうでしょう？

「内神さま」は、「ぜんぜん平気です」という現実を、かなえようとするのです。

その結果、あなたの心はなんだかとても落ち着いて、平気な顔をして会社に通えるようになるかもしれません。

部長は「平気な顔」をしているあなたに、ガミガミ言いづらくなるかもしれません。

もしくは、あなたが他の部署に異動して、部長と別れられるかもしれません。

とにかく……、「私はぜんぜん平気です」にともなう現象が起こってくるのです。

これはたとえてみると、タクシーと同じです。

タクシーに乗って、運転手さんに、「東京駅に行ってください」とお願いしたら、運転手さんは、東京駅に向かってタクシーを走らせますよね。

ところが、「東京駅に……、あ、やっぱり、新小岩へ行ってください」とお願いしたら……、あなたが最後に言った「新小岩」へ向かって、運転手さんはタクシーを走らせるでしょう?

最後に何を言うかで、その人の運勢は決まってくるのです。

最後に、どんな言葉を放つかを、「内神さま」は聞いているのです。

願いが「内神さま」に到達するのがどんどん早くなる

「内神さま」に上手にお願いして、それが何度もかなうようになると、すばらしいことが起こります。

願いが到達する**「ハッピーロード（道）」**のようなものが、あなたの中にできてくるのです。

そうなると、願い事がかなうスピードが、どんどん速くなります。

これを**「加速の法則」**といいます。

ちなみに、ひとりさんの中にも、願いが到達する「ハッピーロード」はしっかりできていて、年々、願いがかなうのが早くなっているのを感じています。

例えば……、昼間にふと「こうなりたいな！」と思ったことが、その日の夜にはかなっていたりすることがあります。

実は「納税日本一になりたい！」と思った日も、そうでした。

ある日、ふと、「オレ、納税日本一になりたいな」と思ったことがあります。

その日の夕方、ラーメン屋さんでラーメンを食べていたら、そのお店のテレビにニュースが流れました。そして「納税一位は、江戸川区の斎藤一人さんです」と自分の名前が発表されたのです。

これには、もう、びっくりしました。

あんまり驚いたので、ラーメンを半分残してしまったくらい（笑）。

そのくらい、願いがかなうのが、早くなってしまったようなのです。

たぶん、ひとりさんの場合は、普段から、ハッピーなこととか、自分を機嫌良くすることを、ずーっと考えています。

仕事で何かトラブルが起きようと……

「このことからは、なぜか、いいことしか起きない！」

人間関係で問題が起きようと……

「このことからは、なぜか、いいことしか起きない！」

……と何が起こってもプラスにとらえるクセがあるのです。

幸せな気持ちで心が満たされていると、「内神さま」はものすごいスピードで、願いをかなえてくれます。

あなたの願いを一秒でも早くかなえるために「幸せな気持ち」で、心をいつも満たしておいてくださいね。

自分の心の中にいる神さまに「ホントですか?」と聞いてみる

私は、何か欲しくなったときに、必ず自分の中にいる神さまに、「それってホントですか?」って聞くクセをつけています。

自分の中にいる神さまに聞いてみると、自分の「ホントの気持ち」がわかるんです。

「あ、これはホントに欲しいんだ」とか。

「これは、ホントに欲しいんじゃなくて、あの人が勧めているからだ」とか。

「世間一般では、お金持ちになったらビルを建てるものだ……って言われているけれど、オレはいらないな」とかいうふうに。

例えば、あなたが、「家を買いたい」と思っていたとします。「湖の近くで、すごく広い庭があってね。三階立てで、部屋はこのくらいあって……」。そんなふうに、いろいろ夢をふくらませて、それを願っていたとします。

その夢は夢で、すばらしいものです。

でも、いちど、「私は、ホントにそういう家が欲しいんでしょうか？」と、自分の中にいる神さまに、聞いてみるといいかもしれません。

そうすると、「湖の近くに住むよりも、都心で駅の近くのほうが、いまの仕事に通いやすいな……」ってことがわかってきたり、「広い家だと、掃除が大変だよなあ。マンションの方が便利かもしれない」ってわかってきたりするのです。

あなたが夢を描いたときに、なかなか、かなわない場合は、「願っているものが、自分が本当に欲しいものではない」ということがあります。

「本当に住みたいところはどこですか？」とか、「本当に私が欲しいものは何ですか？」って、自分の心の中にいる神さまに「ホントはどうですか？」って聞いてみる。

そうすると、本当に自分の欲しいものがわかってくるものです。

例えば、「私がお金持ちになったら、毎日フランス料理のコースが食べたい」っていう人も、「ホントにそれが食べたいですか？」って聞いてみるといいでしょう。

ちなみに、フランス料理のコースは、フランス人だって毎日は食べていませんよ（笑）。

フランスの人だって、「夜は、スープとフランスパンだけ」とか、案外、あっさりしたものを好んで食べていたりするものです。

「ホントですか？」って考えるクセをつけると、「フランス料理は三カ月に一度にして、毎日食べるなら鮭定食がいいな」というふうに、あなたの本当に望むものが、わかってくるかもしれません。

「心配の波動」を出していると「内神さま」と通じにくくなる

何かを常に心配している人って、いますよね。

「そのうち、きっと、悪いことが起こるんじゃないかな？」と思って、常にビクビクしている人がいます。

心配をすることは、それほど悪いことだと思われていませんが……、私はできるだけ早くやめた方がいいと思います。

人の想いには、「愛」と「恐れ」（心配）の二種類しかありません。

「愛のあること」を考えているときは、「心配」は忘れているものです。

「心配なこと」を考えているときは、「愛のあること」は考えられません。

そのどちらかを選ぶかは本人しだいですが……、実は「心配性」がクセになると、あなたの中にいる「内神さま」と通じにくくなってしまいます。


人は常に心配をしていると、「心配の波動」というものが出ています。

「内神さま」には、「その人が強く発信したことを現実にする」という〝ルール〟があるので、現実に、「心配しなければいけない出来事」が増えていきます。

そして、ますます「心配する時間が多くなる」という悪循環に陥ってしまうのです。

どうか、このことに早く気付いてほしいのです。

実は「地震」などの天変地異も、人々の「心配の波動」がかかわっているのです（もちろん地震が起こるのは、それだけの問題ではありませんが……）。

みんなが「心配の波動」を出すのをやめて、「安心の波動」をひとりひとりが発信するようになると、「地震が起こっても、震度が小さくて済む」ということも考えられます。

それだけ、人が出している「思い」（想念）は、大きいのです。

自分も、みんなも幸せになるためにも……、余計な「心配」はやめましょうね。

「いいこと」をすれば「いい気持ち」になり「悪いこと」をすれば「イヤな気持ち」になるのは〝内なる神〟からの合図

こう言っても、「自分の中に〝神〟がいる」と信じられない人のために、とっておきの話をしましょう。

あなたが何か「いいこと」をしたときに……、自分の心の中に、「何ともいえない心地よさ」が広がっていくことがありますよね。

これはあなたの中にいる〝内なる神〟が、「いいね！　いいね！　それ、いいね！」と喜んでいる合図です。

その反対に、あなたが何か「うしろめたいこと」をしたり、「人を傷つけるようなこと」をしたときに、なんだかイヤーな気持ちがずっと後をひくことはありませんか？

これはあなたの中にいる〝内なる神〟が、「ダメダメ！　〝神的な生き方〟と違う方向に行っていますよ……」と残念がっている合図なのです。

このように、〝内なる神〟は、どんなときでも、私たちを見守っています。

そして、私たちがしたことに対して、「いいね！」とか「違うよ！」とか、心にちゃんとメッセージを送ってくれているのです。

一人さんの教えは大好きだけど「内神さま」は信じられない！

自分に自信がなくて、自己重要感（自分は大切な人間だ）と思えない人ほど、「自分の中に〝神〟がいる」ということが信じられないかもしれません。

そんなあなたのために……、すばらしいエピソードをお話ししましょうね。

福岡県でまるかんの特約店をやっている「迎《むかえ》ちゃん」という女性がいます。

迎ちゃんは、「ひとりさんの教えが大好きで、ひとりさんが勧めることは、何でもやってきた」という〝ジッセンジャー〟（実践者）です。

そんな迎ちゃんが、たったひとつだけ、どうしても信じられないことがありました。

それは……、「自分の中に、神さま（内神さま）がいる」という教えです。

「こんな、どうしようもない私の中に、〝神さま〟なんて、いるはずがない！」。そんなふうに「内神さま」の存在を否定する思いが消えず、どうしても、どうしても、信じられなかったそうです。

そんな迎ちゃんに、私はこんな話をしました。

「迎ちゃんは〝内神さま〟のことを、信じられないよね。もちろん、信じられなくても、いいんだよ。

でも、オレがひとつ言えるとするならば……。自分に奇跡を起こして、幸せになりたいと思うのなら、自分の中にいる神さま、〝内神さま〟と仲良くするしかないんだよ。

オレも、自分の中にいる神さまのことを、ずっと信じてきたから、成功できたんだよ。

迎ちゃん、もしもね、自分が〝内神さま〟と仲良くして、奇跡を起こそうと覚悟を決めたら、こう言ってごらん。

『**私は〝神〟です。あなたも〝神〟です。みんな〝神〟です**』。

これを、朝起きたら一〇回言ってごらん。迎ちゃんをますます幸せにしてくれる〝魔法の言葉〟だよ」

私がこの話をしたときに、迎ちゃんは何も言いませんでしたが、心の中に、何かがストォーン！　と音を立てて落ちたような気がしたそうです。

ずっと自信が持てなくて、心はいつも不安定で、大キライだった自分。

でも、そんな自分の中にも「内神さま」はちゃんといたのかもしれない……。

「内神さま」のことを疑ったり、否定してきた自分だけど、こんな私でも「内神さま」は見守ることをやめずに、ずっと守ってきてくれた……。

そう思ったら「ごめんなさい、ごめんなさい……」と、涙があふれるようにこみあげてきたそうです。

その瞬間から、迎ちゃんは覚悟を決めました。

「今日から、自分にいっぱい言おう！

『私は〝神〟です。あなたも〝神〟です。みんな〝神〟です』。

〝内神さま〟を信じて、大キライだった自分を変えてみよう！」。こう強く思ったそうです。

心でそう決めたとたん、現実は驚くほど早く動き出すものです。「内神さま」が、「そう、それでいいんだよ！」と応援してくれるかのように、迎ちゃんの「奇跡」はすぐにやってきたのです。

迎ちゃんは、自分のお店のお客さんたちに「内神さま」のことを話すと、あるひとりの女性が深く感銘を受け、この〝魔法の言葉〟を何度も何度も言い始めました。

このお客さんは「乳がん」を患っていたのですが、自分の中の「内神さま」に向かって、**「私は〝神〟です。あなたも〝神〟です。みんな〝神〟です」**と言い続けたそうです。

すると、彼女はみるみる体調が良くなっていったそうです。

彼女が、短期間であっという間に元気になったのを見て、迎ちゃんのお店には、たくさんのお客さんが押し寄せるようになりました。

「内神さま」を信じたことで、迎ちゃんのお客さんは爆発的に増えていったのです。

こんなに汚い格好をしていたら「内神さま」に申し訳ない！

迎ちゃんが「内神さま」を信じたことで起こった奇跡は、商売にかぎったことではありません。

実は、迎ちゃんは、メイクやファッションなど、自分の外見を磨くことに対して興味を持ったことは、一度もなかったそうです。

ところが「内神さま」を信じるようになったとき、迎ちゃんの心の中には、こんな思いが沸き上がってきました。

「こんなに汚い格好をしていたら、〝内神さま〟に申し訳がない！」。

自分の中に「神さま」がいるのなら、その神さまに喜んでいただけるような格好をしていたい。自分のことを愛し、外見も中身も、もっともっと磨いてあげよう……と生まれて初めて思ったそうです。

迎ちゃんは、メイクの本を買って、それを熟読し、化粧道具をいろいろ揃えました。

そして、いままで買ったことも触れたこともないような「華やかな服」を買いに行ったそうです。

レザーのショートパンツに、まっしろいジャケット。ヒールの高いブーツ。ライトストーンがキラキラ光るブレスレッド。

きれいにメイクして、華やかな服をコーディネイトしてお店に行くと、迎ちゃんのお客さんは、ものすごくびっくりしたのだとか。

「迎ちゃん、別人かと思ったよ」。「びっくりするほどキレイになったね！」。「一〇歳ぐらい若返ったんじゃないの？」と、みんなが口々に、とても喜んでくれました。

迎ちゃんは、お店で人と逢うことが楽しくてたまらず、ハツラツと生きている自分が、いつのまにか大好きになりました。

迎ちゃんは「内神さま」を信じるようになったことで、仕事もプライベートも劇的に変わったのです。

迎ちゃんのように、自分に奇跡を起こして、幸せになりたいと思うのなら……、あなたも自分の中にいる「内神さま」を信じ、「内神さま」と仲良くすることが、一番てっとり早いのです。

あなたの周りにいる人、全員が〝神〟なんです

ちなみに、「自分だけが〝神〟だ」と思っちゃダメですよ（笑）。

あなたの周りにいる人……親とか、子どもとか、パートナーとか、友達とか、上司とか、同僚とか……み～んな〝神〟なんです。

人は、全員が〝神〟なんです。

そこに到達すれば、あなたの人生は劇的に変わっていきます。

例えば、あなたが車を運転しているときに、パッと割り込む車がいるとしますよね。

普段だったら、あなたは、「チェッ、いやなヤツだなあ！」と思って、イライラしたり、頭にくるでしょう。

でも、ムリに割り込む人も、〝神〟なんです。

何かの理由があって、「割り込みしたい〝神〟」なんですよね。

仕事に遅刻しそうで、ものすごく急いでいたのかもしれないし、病気の子どもが待っていて、急いで帰りたかったのかもしれない。

どんな理由があるか、わからないけど、「とても急いでいる〝神〟だった」。

そう思ったとき……、あなたの心はふっとラクになりませんか？

「割り込みしてきた〝神〟を許そう」……。そんな気持ちになれると思うのです。

これは、すべてのことに言えることです。

あなたにガミガミ言ってくる上司も、あなたに意地悪をするお姑さんも、あなたとソリがあわないママ友も、あなたを毎日イライラさせるパートナーも……、みんなみんな〝神〟なんですよね。

そう思ったとき、あなたは、ふっとラクになる。

相手に、ちょっとだけ、やさしくなれる。

その「思い」こそが、あなたの「魂の成長」の始まりなのです。

その人は、「最高の判断」で、その行動を選んだ

人は、もともとが〝神〟なんです。

ただ、成長途中の〝未熟な神〟なんです。

未熟だから、人から見たら「それって、まちがっているよ！」っていうことを平気でしてしまうことがあるかもしれない。

でも、それをやった人は、その人なりの「最高の判断」でやっているんです。

例えば、あなたの前に割り込みをした車の人も、あなたから見たら、「そんな危ない運転、まちがっている！」と思うことでしょう。

でも、割り込みをした人は、自分にとって「最高の判断」で、割り込みをしたんです。

その人は、そういう運転を続けていると、次に割り込みをしようとしたときに、パトカーに捕まって、罰金をとられるかもしれません。

そういうことが起きて初めて、その人は、「ああ、割り込みしちゃいけないんだな……」としみじみ腑に落ちて、そこから学ぶのです。

ですから、どんな出来事も、本人が経験してみないと「学び」にはなりません。

あなただって、「昔、なんであんなバカなことをしちゃったんだろう……」って思うことってあるでしょう?

タイムマシーンがあったとして、そのときに戻ってみるとわかりますが……、そのときの自分は、それしか判断ができないんです。

「最高の判断」で、その決断をしたのです。

その「最高の判断」で、実際にやってみると、手痛い失敗をすることもあります。

そうすると、「これじゃあ、ダメだ……」「次は、やめよう……」っていうデータが脳に入っていくのです。

経験のひとつひとつがデータになるから、次に同じようなことが起きたとき、もうちょっと利口な判断ができるようになっているのです。

「チャレンジャー」（学ぼうとしている人）がいたらあたたかく見守る

あなたの周りで、「お金のこと」で困っている人はいませんか？

お金が入ってくるとギャンブルをやったり、キャバクラに通って、あっというまに使ってしまったり……。

または、すぐに人から借金をして、それが返せなくなってしまったり……。

そういう人を見ると、あなたは「困った人だなあ……」とためいきをつきたくなるでしょう？

でも、その人は、お金に困っているのではありません。

「お金のことを学びたい〝神〟」なのです。

言ってみれば「お金に困っている人」ではなくて、「お金の修行をしているチャンレンジャー」（学ぼうとしている人）なのです。

身内にそういう「チャレンジャー」がいると、ついついかわいそうになって、「今回だけは助けてあげよう」と、お金を出してあげようとする人がいます。

しかし、それが、まちがいなのです。

その人は「お金の修行」の真っ最中なのです。

あなたがお金を出してしまうと、その人の「修行」は途中で止まってしまいます。

すると、その人は、また別のことで、お金を使い果たすようなことをするでしょう。

なぜなら、「修行」というのは、自分でちゃんと学んで気付きを得ないかぎり、その人についてまわるようになっているのです。


わかりやすい例を出して、お話ししますね。

私の知り合いに、仲の良い姉弟がいたのですが、弟さんの方が、あるときから、ギャンブルに狂うようになりました。

自分の貯金を使い果たすと、借金をしてまでギャンブルを続け、借金が返せなくなると、たびたびお姉さんにお金を借りにくるようになったのです。

お姉さんは、「借金取り」に追われる弟をあわれに思い、お金を工面しては、何度も何度も弟を助けました。

この姉弟は、その後、どうなったかと思いますか？

弟はますますギャンブルにのめりこみ、借金は多額にふくれあがりました。

そして、お姉さんの方も、借金の返済に追われるようになり、働きすぎて体を壊したり、金融会社とのトラブルに巻き込まれたり……と、次第に運勢が悪くなっていったのです。

このお姉さんは、「何度も弟を助けた」のですから、やさしい人だったのでしょう。

そして、「弟を助けようとしたこと」は、人として、「いいこと」をしたように思えます。

しかし、神的にみると、これが「まちがい」なのです。

神さまは、本人がやるべき「修行」を、他の人がジャマすることを嫌います。

そして、それを続けていると、自分の修行から逃げた人も、また人の修行をジャマした人も、両方の運勢が悪くなってしまうのです。

お姉さんは、弟が「借金取り」に追われていたとしても、手出しをしてはいけません。

「弟は、自分がやったことに対して、ちゃんと責任を果たせる人間だ」と信じて、「弟はいい修行をしているなあ……」と気長に見守ることです。

そして、弟さんが「修行」の結果、どんな状態になったとしても……、お姉さんは自分が幸せになることをやめてはいけません。

私たちは、幸せになるために生まれてきたのです。

幸せになることは、「権利」ではなくて、「義務」なのです。

家族や兄弟が、どんな状態になったとしても……、自分ひとりだけでも、幸せになることです。

そうすれば、「不幸な人」が二人にならずにすみます。

そうすることが、神的に言うと、「正解」なのです。

子どもは、お母さんを通して生まれた〝神〟

子どもというのは、お母さんを通して生まれた〝神〟です。

ですから、ホントは「親のもの」ではありません。

子どもは、その親を選んで生まれてきただけなのです。

そのことがわかっていないと、親というのは、子どもを「私物化」してしまいがちです。

自分の思い通りにならないと、子どもに対してものすごく怒ったり、子どものことをコントロールしようとしたり、子どもがやりたがっていることを、「そんなことしちゃダメよ」となんでもかんでも抑えつけようとするのです。

親は子どもより「経験」があるので、「そんなことをすると失敗する！」とか、「そんなことすると苦労する！」というのがわかるんですよね。

でも、子どもは、それをしたいのです。

失敗したとしても、苦労したとしても、それを経験したいのです。

親が子どもに教えなくてはいけないのは、最低限のマナーだけです。

例えば、「車の窓からモノを捨てちゃいけないよ」とか、「弱い者いじめはしちゃいけないよ」とか。

あとは、子どもに何でも経験させて、その経験から学ばせる。

それが、神的な「子どもの育て方」です。

子どもの欲求をずっと抑えつけていると、思春期になったあたりで、ドカン！　と爆発します。

「経験したいのに、させてくれない！」というジレンマが爆発するのです。

その爆発が、外に向かうときは、親に対して暴れたり、怒鳴ったりします。

その爆発が、内に向かうときは、ひきこもりになったり、精神的な病気になることもあります。

どちらも、「自分に経験をさせてくれない親を困らせたい！」という思いから、起きていることです。

ですから、親は、子どもの「経験したい！」という欲求を、なんでもかんでも抑えつけてはいけません。

「この子は、それが経験したい〝神〟なんだ」と思って、なんでも経験させてやることです。
その経験で、子どもが失敗しても、苦労することになっても、いいのです。
どんな経験も、すべて糧となって、その子の「魂の成長」に役立つことになるのです。

どんな悩みにも、必ず「答え」がある

あなたが過去をふり返ったときに、「恥ずかしくなるようなバカなこと」をしてしまったとしても、あなたの魂を成長させるために、その「バカなこと」は必要だったのです。

人間の世界では、「失敗」とか「成功」があるように言われていますが、「魂的な世界」では「失敗」というものがありません。

どんなに恥ずかしいことでも、どんなにバカなことでも、その人が死ぬ前にふり返って見ると、「ああ、いい経験したなあ。あのことがあったから、オレは成長できたんだ……」と思うようになっているのです。

あなたはいま、ツライこととか、苦しいこととか、どうにもならないことで、悩んでいるのだとしたら……、その出来事も、あなたが生まれる前に、自分で選んできたことです。

「今回は、これとこれを乗り越えて、魂を成長させよう」というふうに。

たとえてみると、専門学校の学生さんが、好きな科目を選んで専門的に勉強するように、「悩み」も自分が好きなものを選んで、それを専門的に「修行」するようになっているのです。

ちなみに「悩み」というのは、ひとつの条件のもとに作られています。

それは……、**「自分が解決できるものを選ぶ」**というルールです。

ですから、あなたがいま悩んでいることは、絶対にあなた自身で解決できるものです。

神さまは、「答えのない問題」を絶対に出しません。

例えば、どんな学校の入試試験でも、「答え」っていうのは必ずあるように作られています。

「この問題の答えは、永遠にありませんでした……」っていう問題を出したら、受験した人はみんな怒ってしまうでしょう?

それは、入試試験では「ルール違反」なのです。

それと同じで、自分に起きた問題は、絶対に「答え」があるのです。

「最高の答え」は自分で知っているけれど、「心の奥」にうずもれている

悩みに対する「最高の答え」は、必ず自分で知っています。

「答えは自分で知っているけれど……、心の奥にうずもれている」と言ったらいいでしょうか？

その「答え」を掘り起こすのが、あなたの役目です。

「答え」の掘り起こし方として、こんなやり方があります。

最近、新小岩の「ひとりさんファンの集まるお店」では、こんなことをやっているんです。

お客さんの誰かが、ひとりさんに「相談があるんです」って言うとしますよね。

その悩みを、みんなの前で話してもらって、その場にいるお客さんたちに、「その問題が自分だったらどうする？　二度と起きない方法を考えてね」って言うんです。

それで、その場にいる全員に、「自分なりの解決策」を、ひとりずつ答えてもらうんです。

それで最後に、相談してくれた本人に、「もし、他の人に、同じことを相談されたら、あなたならなんて答えますか？」って言うと、「そうですね……」って、その人なりの「答え」を言うんです。

ここがポイントなんです。

本人が、最後に自分で言った「解決法」が、その人の悩みの「最高の答え」なのです。

だって、その「解決法」って、「自分ができないこと」は、絶対に言わないはずです。

「その人が、一番やりやすいこと」を言うはずなんです。

それが、その人にとって「最高の解決法」です。

そして、その「最高の解決法」は、その人の心にうずもれていたことです。

自分が生まれる前に「この悩みがきたら、こうやって乗り越えます！」と、神さまと決めてきたことなのです。

先日、ある高校生の男の子が、こんな質問をしてくれました。

「自分は学園祭のリーダーになりました。ところが、みんな、自分の指示にまったく従ってくれません。だから、いまは学校に行っても、つらくてしょうがないんです。僕はどうしたらいいのでしょうか?」。

この質問に対して、その場にいた全員に、「この問題が二度と起きない方法を答えてください」と、ひとりずつ発表してもらいました。

ある人は、「そんなに苦しいのなら、リーダーを降りたらどうでしょう?」と言いました。

また、ある人は、「指示に従わない生徒、ひとりひとりと、話し合いをしてみたらどうでしょう?」と言いました。

他にもいろいろな意見が出ましたが、最後に、質問をしてくれた高校生の男の子に、「もし君が、他の人に、同じことを相談されたら、なんて答えますか?」と聞いてみました。

すると、その男の子は、こう答えたのです。

「僕だったら……、みんなが指示に従ってくれなくても、いまのまま、もうちょっとリーダーを続けてみます」。

この答えが、質問してくれた男の子にとって、「最高の答え」なのです。

〝魔法の言葉〟でも、うずもれていた答えが掘り起こせる！

また、別の方法もあります。

それは……、今回、あなたにお教えした、あの〝魔法の言葉〟を何度も言うことです。

「私は〝神〟です。あなたも〝神〟です。みんな〝神〟です」

この言葉を、何度も何度も言っているうちに……、ある日、ふと、

「ああ、こうすればいいいんだ！」

という〝ひらめき〟のようなものがくるかもしれません。
その〝ひらめき〟こそが、あなたにとっての「最高の答え」。
あなたの悩みを解決してくれるものとなるでしょう。

「大変な定め（ハンディ）」を持って生まれてきた人はそれを乗り越えるだけの「強いパワー」も持っている

最後に、とても大切なことをお話しします。

「悩み」や「トラブル」が多い人って、いますよね。

例えば……、生まれた家が貧乏だったり、体が弱くて病気がちだったり、問題ばかり起こす兄弟がいたり、親が蒸発してしまったり、親や兄弟から虐待を受けて育ったり……。

そういう「定め」の元に生まれた人は、きっと、こう思うはずです。

「自分は、なんでこんな環境に生まれてきたんだろう」。

しかし、そういう「大変な定め（ハンディ）」を持って生まれた人というのは、実は、神さまがすばらしいものを備え付けてくれているのです。

それは……、**「問題を乗り越えるだけの強いパワー」**です。

例えば、「一〇〇の大変な定め」がある人だとしたら、実は、「一〇〇のパワー」というものを持っています。

そのパワーを出し切ると、プラスマイナスゼロで相殺され、「大変な定め（ハンディ）」というものは、なくなってしまいます。

また、パワーというのは、出せば出すほど拍車がかかって磨かれていきますから、強いパワーを仕事にぶつければ、「成功する可能性」も大きくなります。

ちなみに大きな成功をおさめる人は、「大変な定め」を持って生まれた人が多いものです。

例えば、松下幸之助さんは、「生まれた家が貧しい」「小学校しか出ていない」「体が弱かった」など……、普通の人に比べて、「大変な定め（ハンディ）」をたくさん持っていました。

しかし、松下幸之助さんは、自分には「強いパワー」が備わっていることを知っていたのでしょう。

松下幸之助さんは、パワーを出し切るためにも、自分の持っていた「大変な定め（ハンディ）」を、すべて自分のトクになるように考えていったのです。

「貧しいからこそ、うんと豊かになろうと思った」とか。

「学校を出ていないからこそ、学ばなきゃいけないと思って、いろんな本をいっぱい読んだ」とか。

「自分の体が弱いからこそ、下の人をたくさん育てて、仕事をまかせようと思った」とか。

そういうふうに、自分のトクになるように考えているうちに、「持って生まれたパワー」というのは、どんどん出るようになるのです。

また、今回、あなたにお教えした〝魔法の言葉〟を言っているうちに、自分の中に「とてつもないパワー」があることに気付くようになります。

「私は〝神〟です。あなたも〝神〟です。みんな〝神〟です」

この言葉を言っているだけで、あなたの中で眠っていた「パワー」が起こされて、その「パワー」がジャンジャンバリバリ出せるようになるのです。

しかし、多くの人は、このことを知りません。

ですから、自分が「大変な定め」を持って生まれると、「なんで自分ばっかり、こんなに苦しい思いをするんだろう？」とか、「他の人は、あんなに恵まれているのに……」とか、自分の人生をのろい、人のことをうらやみます。

そして、自分の人生に対して、「あきらめ」が強くなっていきます。

そうすると、せっかく「強いパワー」を持っていたとしても、自分にパワーがあることにすら気づきません。

せっかくのパワーを発揮することなく、つらい状況のまま、人生が終わってしまうのです。

私たちは「問題を解決するため」に生まれてきた

神さまは、私たちを苦労させるために、この世に出したのではありません。

どんな人でも、幸せにするために、この世に出したのです。

私たちは「問題に苦しむために生まれてきた」のではなく、「問題を解決するために生まれてきた」のです。

私たちは「自分の運勢を本気で変えたい！」と思ったときに、運勢を変えられる生き物なのです。

運勢を変えるかどうかは、私たちの「自由意思」にかかっています。

どうか、今回、あなたに教えた〝魔法の言葉〟で、「自分の中にいる神さま」を信じてください。

そして、あなたに備わっているすばらしいパワーを、思いっきり出し切ってくださいね。

あなたが最高の幸せをつかむことを、私は心から祈っています。

最後に……

「私は〝神〟です。あなたも〝神〟です。みんな〝神〟です」

この本は、最低七回お読みください。
（もしくはＣＤを一〇回聞いてください。）
「本を七回読む」か、「ＣＤを一〇回聞く」を達成すると、
お近くの「まるかん」のお店で、
ひとりさんからステキな「修了証書」がもらえますよ。

斎藤一人さんの公式ホームページ

http://saitouhitori.jp/

一人さんが毎日あなたのために、ついてる言葉を、日替わりで載せてくれています。ときには、一人さんからのメッセージも入りますので、ぜひ、遊びにきてください。

お弟子さんたちの楽しい会

♥斎藤一人　一番弟子――――――柴村恵美子

ブログ　http://ameblo.jp/tuiteru-emiko/
ツイッター　https://twitter.com/shibamura_emiko/
フェイスブック　https://www.facebook.com/shibamura.emiko/

♥斎藤一人・柴村恵美子会
http://www.shibamura-emiko.jp/

♥斎藤一人・感謝の会――――――会長　遠藤忠夫
http://www.tadao-nobuyuki.com/

♥斎藤一人　きらきら★つやこの会―会長　舛岡はなゑ
http://www.kirakira-tsuyakohanae.info/

♥斎藤一人　人の幸せを願う会―――会長　宇野信行
http://www.tadao-nobuyuki.com/

♥斎藤一人　楽しい仁義の会――――会長　宮本真由美
http://www.lovelymayumi.info/

♥斎藤一人　千葉純一の今日はいい日だ－会長　千葉純一
http://chibatai.jp/

♥斎藤一人　「ほめ道」の会―――――会長　みっちゃん先生
http://www.hitorisantominnagaiku.info/

♥斎藤一人　今日一日、奉仕のつもりで働く会－会長　芦川勝代
http://www.maachan.com/

ひとりさんファンの集まるお店

全国から一人さんファンの集まるお店があります。みんな一人さんの本の話をしたり、CD の話をしたりして楽しいときを過ごしています。近くまで来たら、ぜひ、遊びに来てください。ただし、申し訳ありませんが、一人さんの本を読むか、CD を聞いてファンになった人しか入れません。

住　　所：東京都葛飾区新小岩1-54-5　1F
電　　話：03-3654-4949
行 き 方：JR 新小岩駅南口のルミエール商店街を直進。歩いて約 3 分
営業時間：朝 10 時から夜 8 時まで。年中無休

ひとりさんよりお知らせ

今度、私のお姉さんが千葉で「ひとりさんファンの集まるお店」というのを始めました。
みんなで楽しく、一日を過ごせるお店を目指しています。
とてもやさしいお姉さんですから、ぜひ、遊びに行ってください。

行き方：JR 千葉駅から総武本線
　　　　成東駅下車、徒歩 7 分
住　所：千葉県山武市和田 353-2
電　話：0475-82-4426
定休日：月・金　　営業時間：午前 10 時～午後 4 時

各地のひとりさんスポット

ひとりさん観音：瑞宝寺　総林寺
住所：北海道河東郡上士幌町字上士幌東 4 線 247 番地
電話：01564-2-2523

ついてる鳥居：最上三十三観音第二番　山寺千手院
住所：山形県山形市大字山寺 4753
電話：023-695-2845

観音様までの楽しいマップ

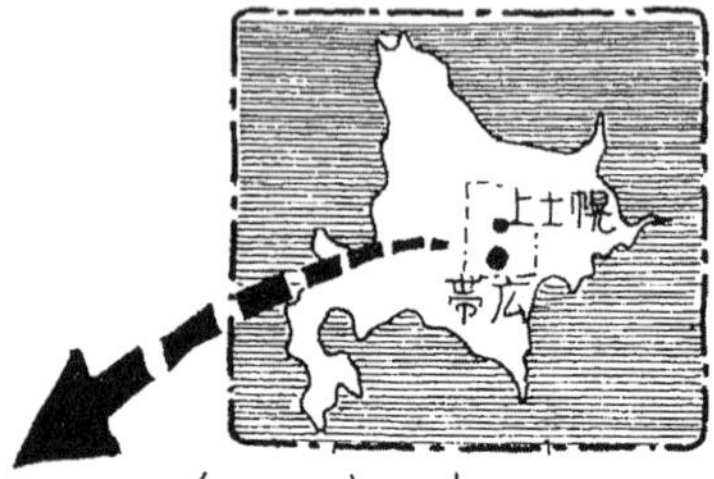

① 愛国←→幸福駅

『愛の国から幸福へ』この切符を手にすると幸せを手にするといわれスゴイ人気です。ここでとれるじゃがいも野菜・etcは幸せを呼ぶ食物かも!! 特にとうもろこしのとれる季節には、もぎたてをその場で茹でて売っていることもあり、あまりのおいしさに幸せを感じちゃいます。

② 十勝ワイン(池田駅)

ひとりさんは、ワイン通といわれています。そのひとりさんが大好きな十勝ワインを売っている十勝ワイン城があります。

★十勝はあずきが有名で『赤い宝石』と呼ばれています。

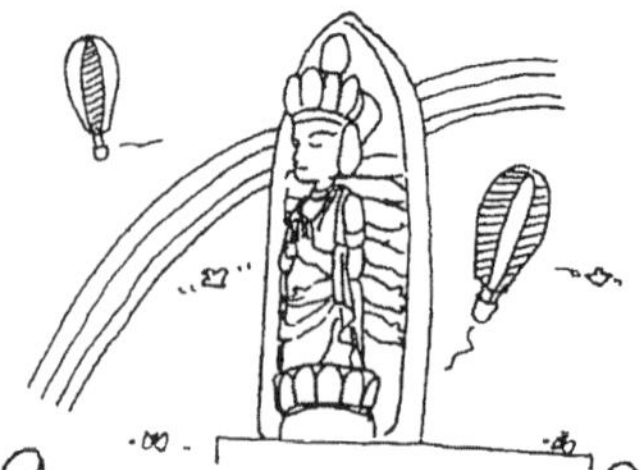

★観音様

ひとりさんの寄付により、夜になるとライトアップして、観音様がオレンジ色に浮かびあがり、幻想的です。

この観音様は、一人さんの弟子の1人である柴村恵美子さんが建立しました。

③ 上士幌

上士幌町は柴村恵美子が生まれた町。そしてバルーンの町で有名です。8月上旬になると、全国からバルーンミストが大集合。様々な競技に腕を競い合います。体験試乗もできます。ひとりさんが安全に楽しく気球に乗れるようにと願いを込めて観音様の手に気球をのせています。

④ ナイタイ高原

ナイタイ高原は、日本一広く大きい牧場です。牛や馬、そして羊もたくさんいちゃうのヨ。そこから見渡す景色は雄大で感動!!の一言です。ひとりさんも好きなこの場所は行ってみる価置あり。

牧場の一番てっぺんにはロッジがあります(レストラン有)。そこで、ジンギスカン焼肉・バーベキューをしながらビールを飲むとオイシイヨ!!とってもハッピーになれちゃいます。それにソフトクリームがメチャオイシイ。2ケはいけちゃいますヨ。

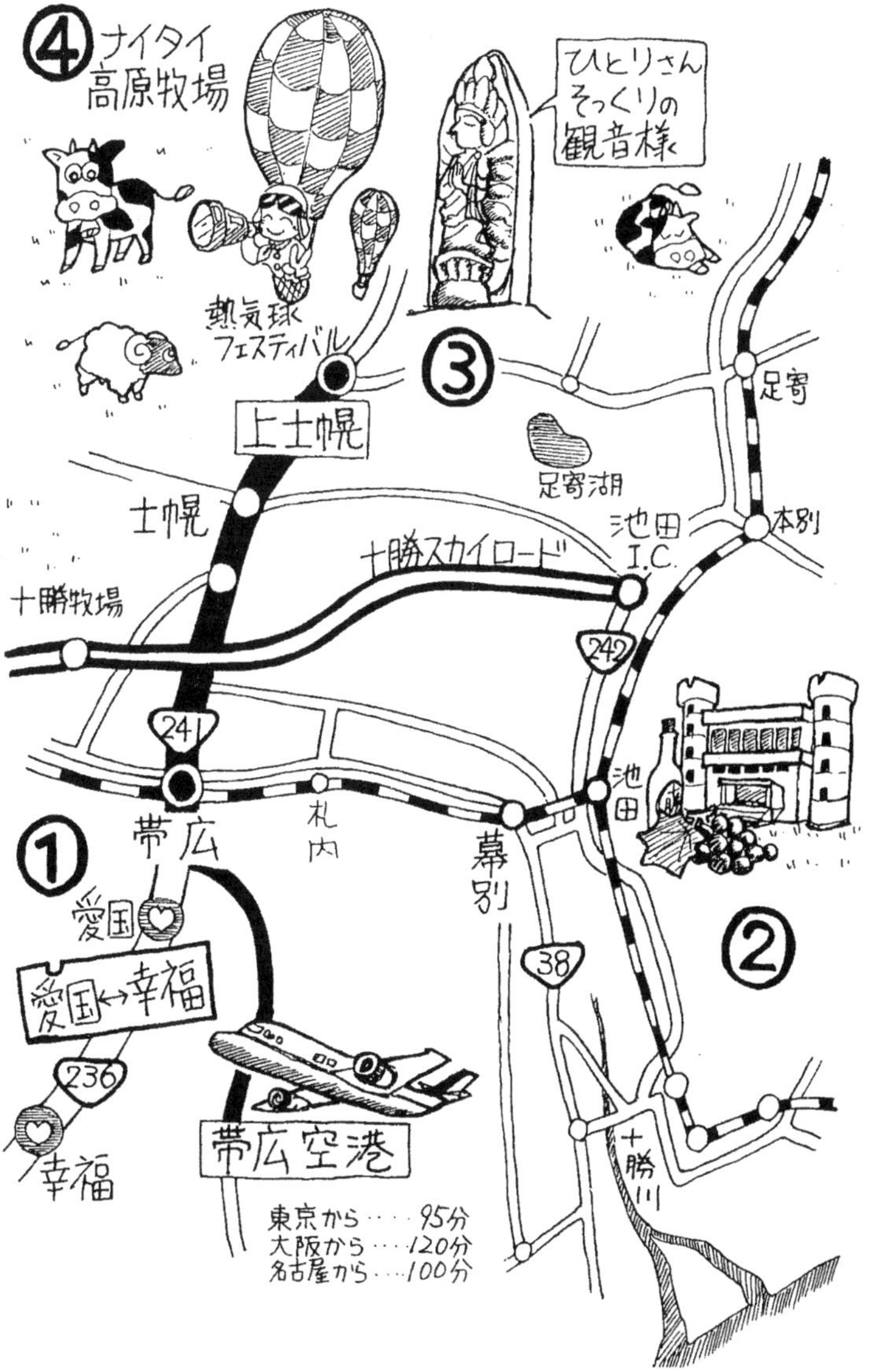

④ナイタイ高原牧場
ひとりさんそっくりの観音様
熱気球フェスティバル
③
足寄
上士幌
足寄湖
士幌
池田I.C.
本別
十勝スカイロード
十勝牧場
242
241
池田
帯広
札内
幕別
①
愛国
愛国↔幸福
②
38
236
幸福
帯広空港
十勝川
東京から……95分
大阪から……120分
名古屋から……100分

斎藤一人さんのプロフィール

斎藤一人さんは、銀座まるかん創設者で納税額日本一の実業家として知られています。

1993年から、納税額12年間連続ベスト10という日本新記録を打ち立て、累計納税額も、発表を終えた2004年までで、前人未到の合計173億円をおさめ、これも日本一です。

土地売却や株式公開などによる高額納税者が多い中、納税額はすべて事業所得によるものという異色の存在として注目されています。土地・株式によるものを除けば、毎年、納税額日本一です。

１９９３年分――第４位	１９９９年分――第５位
１９９４年分――第５位	２０００年分――第５位
１９９５年分――第３位	２００１年分――第６位
１９９６年分――第３位	２００２年分――第２位
１９９７年分――第１位	２００３年分――第１位
１９９８年分――第３位	２００４年分――第４位

また斎藤一人さんは、著作家としても、心の楽しさと、経済的豊かさを両立させるための著書を、何冊も出版されています。主な著書に『絶好調』、『幸せの道』、『地球が天国になる話』（当社刊）、『変な人が書いた成功法則』（総合法令）、『眼力』、『微差力』（サンマーク出版）、『千年たってもいい話』（マキノ出版）などがあります。その他、多数すべてベストセラーになっています。

《ホームページ》http://www.saitouhitori.jp/

一人さんが毎日あなたのために、ついてる言葉を、日替わりで載せてくれています。ときには、一人さんからのメッセージも入りますので、ぜひ遊びにきてください。

〈編集部注〉

読者の皆さまから、「一人さんの手がけた商品を取り扱いたいが、どこに資料請求していいかわかりません」という問合せが多数寄せられていますので、以下の資料請求先をお知らせしておきます。

フリーダイヤル 0120-497-285

神様に上手にお願いする方法

著　者　　斎藤一人
発行者　　真船美保子
発行所　　KK ロングセラーズ
東京都新宿区高田馬場 2-1-2　〒 169-0075
電話（03）3204-5161（代）　振替 00120-7-145737
http://www.kklong.co.jp

印刷・製本　大日本印刷（株）
落丁・乱丁はお取り替えいたします。※定価と発行日はカバーに表示してあります。
ISBN978-4-8454-2335-4　C0030　Printed In Japan 2014